ANTIQUITÉS

D'HERCULANUM.

ANTIQUITÉS D'HERCULANUM,

GRAVÉES

PAR Th. PIROLI,

ET PUBLIÉES

PAR F. ET P. PIRANESI, FRÈRES.

───────

PEINTURES.

TOME II.

───────

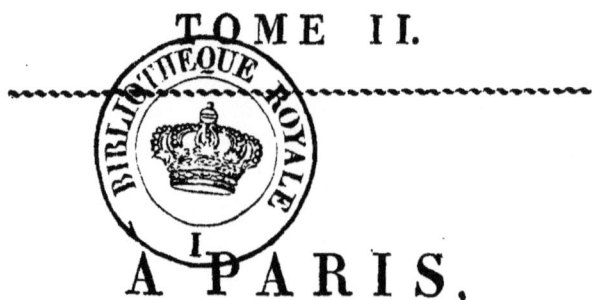

A PARIS,

Chez { PIRANESI, Frères, place du Tribunat, n.º 1354;
LEBLANC, Imprimeur-Libraire, place et maison Abbatiale S.t-Germain-des-Prés, n.º 1121.

───

AN XII. = 1804.

T. II   Tav. 1

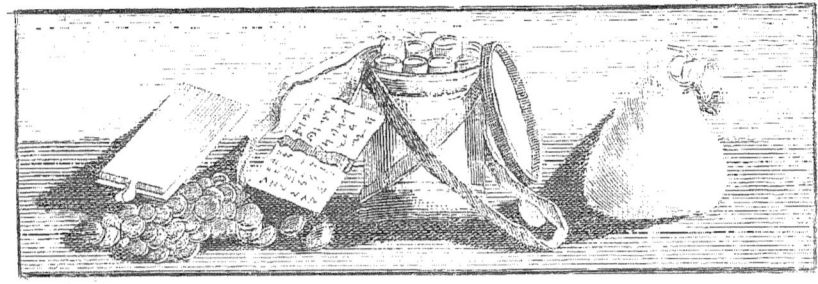

pal. uno   Rom.

PLANCHE I.

Le Dieu de la poésie est représenté assis sur un trône, et jouissant de ce calme heureux, ami des vers et de l'imagination. Toute son attitude caractérise le repos, sur-tout ce bras replié sur sa tête, ainsi qu'on le voit dans plusieurs monumens antiques; sa main droite repose sur une lyre à onze cordes; une longue draperie retombe avec négligence de son épaule, glisse le long de son corps, et, laissant à nu toute la partie supérieure, vient se rassembler sur ses cuisses. Le Dieu est couronné de lauriers, et près de lui s'élève un rameau de cet arbre qu'il chérit. Ce rameau rappelle l'usage des chanteurs qui tenaient à la main une branche de laurier quand ils ne s'accompagnaient pas sur la lyre, de-là l'expression proverbiale chez les Grecs, *chanter au laurier*; la branche de laurier pourrait aussi avoir trait aux purifications religieuses auxquelles présidait Apollon. Le peintre a peut-être voulu représenter ici *Apollon Musagètes*, le guide des Muses; c'est du-moins l'attribut que nous lui donnons ici, en lui faisant précéder les Muses, à la tête de ce volume.

Cette peinture et les suivantes, d'égale proportion,

Tome II. Peint.

furent trouvées ensemble dans les fouilles de Résine, en 1755; les ornemens qu'on voit au bas, sont indépendans des sujets.

SUJET PRINCIPAL. — Hauteur, 11 p.° 2 lig. — Largeur, *idem*.

T.II   Tav. 2

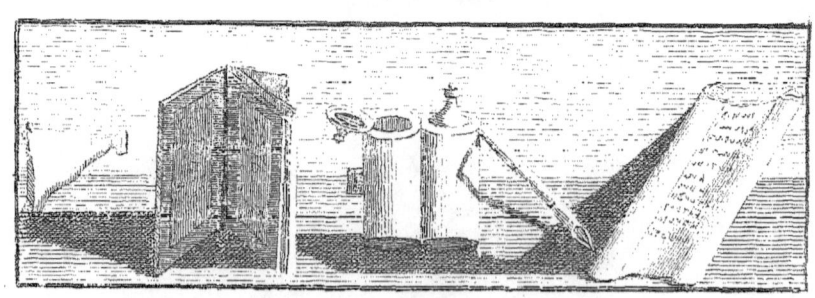

PLANCHE II.

Après Apollon, considéré comme Dieu des arts et de la poésie, se présentent les Muses, ces aimables divinités auxquelles ont sacrifié les beaux génies de l'antiquité, et dont le culte a été transmis fidèlement jusqu'à nous. Le divin Homère, leur premier favori, les reconnaît au nombre de neuf; Hésiode les nomme dans l'ordre suivant, que nous avons adopté : *Clio, Euterpe, Thalie, Melpomène, Terpsichore, Erato, Polymnie, Uranie et Calliope.* On a varié souvent dans les attributs qui conviennent à chacune d'elles; aucun monument ne fait mieux autorité que les peintures précieuses de l'antique Herculanum; les inscriptions dont chaque figure est accompagnée fixent toutes les incertitudes; c'est un mérite très-rare, et qui rachète quelques légères négligences qu'on a pu remarquer dans quelques unes d'entr'elles; ces incorrections ont fait penser que l'artiste n'en était pas l'inventeur, mais qu'il les avait copiées d'après d'excellens originaux. En remontant à une plus haute antiquité, ou en supposant des modèles arrêtés, on accorderait à ces figures un degré d'authenticité encore plus précieux. Quoi qu'il en soit, cette suite est vraiment inappréciable. On ne doit pas chercher dans les couleurs des draperies, des intentions particulières pour chacune de ces divinités ; c'est plutôt l'effèt du caprice qu'une allusion mystérieuse. On remarquera, avec plus de justesse, que les tuniques longues (*talares*), l'agencement modeste des draperies et l'expression douce qui règne dans les traits des Muses, conviennent aux *chastes* Sœurs. Cette précieuse collection, envoyée en présent par le roi de Naples, orne actuellement le cabinet de l'Impératrice, à la Malmaison.

La planche que nous avons sous les yeux offre la figure de *Clio*; on lit son nom et ses fonctions sur le volume à demi-roulé qu'elle tient à la main (CLIO, L'HISTOIRE). Au volume est attachée une petite feuille qui paraît destinée à porter le titre de l'ouvrage. La petite cassette cylindrique (*scrinium*) remplie de rouleaux, nous apprend que les bibliothèques étaient composées de semblables cassettes. Catulle y fait allusion, en disant qu'il n'en avait emporté qu'une seule à la campagne.

SUJET PRINCIPAL. — Hauteur, 11 p.º 2 lig. — Largeur, *idem*.

PLANCHE III.

Nous sommes privés de la figure d'*Euterpe* qui, dans l'ordre adopté, aurait dû suivre celle de *Clio*. Les injures du temps l'avaient tellement altérée, qu'il fut impossible de la sauver et même de la reconnaître; nous l'aurions vue sans doute, fidelle à ses fonctions, appliquée à jouer des deux flûtes.

La Muse que nous donnons ici, est désignée par l'inscription qu'on lit à ses pieds (THALIE, LA COMÉDIE); elle est couronnée et porte sur sa tête une coiffe de couleur verte. *Thalie* et *Melpomène* sont les seules qui portent cette coiffure dans ce recueil. Notre Thalie est vêtue d'une tunique verte, bordée de rouge, et dont les manches arrivent jusqu'aux poignets, d'un manteau à franges (*Palla fimbriata*) et d'un petit corset rouge à manches courtes. On remarque, sur-tout, la petite pièce de pourpre en quarré long, attachée sur le devant du manteau, et qui paraît être une de ces *tesseræ*, pièces de rapport sur les habits grecs. Le masque comique et le *pedum* ou bâton pastoral que porte la Muse, correspondent à l'art auquel elle préside, et à la signification du mot comédie, *chant de village*, ennobli par ses succès, et que Ménandre, Plaute et Térence ont rendu digne d'amuser les citoyens les plus instruits de la Grèce et de Rome. Le *pedum* est aussi un symbole de la poésie pastorale et bucolique à laquelle cette Muse préside, suivant la remarque de M. Visconti. Le masque, d'après la description de *Pollux*, l. IV, § 149, pourrait désigner l'un de ces valets, dits *conducteurs* ou *principaux*, qui menaient l'intrigue de la pièce. Thalie signifie *fleurie*, ou, dans une autre acception également suivie, quoique prise d'une métaphore, signifie *gaie, joyeuse*. Cette dernière acception convient mieux aux fonctions de Thalie.

Hauteur, 1 P. 3 p.° 4 lig. — Largeur, 11 p.° 2 lig.

PLANCHE IV.

L'inscription qu'on lit en grec au-dessous de cette figure la fait connaître avec précision (Melpomene, la Tragédie). Le peintre, sans s'arrêter aux diverses opinions qui balancent entre cette Muse, Euterpe et Terpsichore, l'empire de la scène tragique, paraît s'être attaché au sentiment qui lui a paru le mieux fondé ou le plus généralement reçu de son temps ; c'est aussi celui qui a prévalu. La Muse a la tête ceinte d'un voile, d'une bandelette et d'une couronne ; elle est vêtue d'une tunique blanche qui lui recouvre les pieds, et dont les manches s'arrêtent aux coudes, d'un manteau ou grand *peplum* de même couleur attaché en ceinture, et d'une autre tunique plus courte. On peut remarquer que les tuniques des acteurs tragiques devaient couvrir les pieds, à l'effet de cacher les cothurnes dont la semelle épaisse de plusieurs pouces relevait la taille de l'acteur : cette chaussure est visible dans le bas-relief représentant les neuf Muses, qui est passé du Capitole au Musée Napoléon. Notre Melpomène s'appuie de la main droite sur une massue, et dans la gauche, elle tient un masque tragique. La massue semble allusive aux actions des héros qui font le sujet de la poésie tragique, et rappelle Hercule et ses imitateurs, qui se rendirent célèbres dans l'antiquité.

Hauteur, 1 P. 3 p.° 4 lig. — Largeur, 11 p.° 2 lig.

T. II

PLANCHE V.

CETTE Muse préside à la poésie lyrique, ainsi que l'exprime l'inscription grecque (TERPSICHORE, LA LYRE). Les chants poétiques et les sons harmonieux de son instrument guident les danses sacrées ; de-là son nom de Terpsichore, *qui se plaît à la danse*. Le chœur des danseurs se portait autour de l'autel, de la droite à la gauche, pour exprimer le mouvement de l'Univers d'orient en occident, et revenait de la gauche à la droite pour figurer le mouvement des planètes d'occident en orient (*Luc. de Salt.*) Ainsi, l'ode était divisée en strophe et en anti-strophe, qui répondaient dans le chant à ces deux mouvemens. Les hymnes d'Apollon se chantaient en dansant au son de la lyre ou *cithare*. Aussi Pindare les appelle-t-il *puissans par la lyre*. Celle que porte notre Muse est montée de sept cordes et se termine par une écaille de tortue; c'est la lyre citée par Horace (*testudo*), celle inventée par le jeune Mercure, et décrite avec des détails si précieux dans un hymne Homérique. La Muse est vêtue d'une tunique longue, de couleur changeante, n'ayant que la manche gauche comme pour laisser plus de liberté au bras droit; son manteau est bleu, et sa chevelure est retenue par une bandelette et une couronne de laurier.

<small>Hauteur, 1 P. 3 p.° 4 lig. — Largeur, 11 p.° 2 lig.</small>

PLANCHE VI.

CETTE peinture est une des plus belles, des plus délicates et des plus parfaites qui soient sorties des fouilles de la Campanie. Il semble que le peintre ait voulu employer tout son art et se surpasser lui-même, en représentant sous des traits si aimables cette Muse consacrée à l'Amour et qui lui doit son nom ; il l'a sans doute invoquée ; inspiré et plein d'elle même, il a retracé son image. Elle est vêtue d'une tunique rose avec une bordure bleue ; son manteau, d'une teinte verdâtre, voltige agréablement derrière elle, forme sur le devant des plis en forme de ceinture, et retombe avec grace en accusant ses formes ; une tresse de cheveux s'échappe sous sa couronne de laurier ; elle est attentive aux sons qu'elle tire de son instrument ; elle en touche les cordes d'une main avec le *plectrum,* ou l'archet, de l'autre avec ses doigts délicats ; cet instrument, garni de neuf cordes, a par le haut la forme de la lyre connue, mais il s'alonge par le bas et présente, comme dans la lyre dite *testudo,* un creux qui donne plus de valeur aux sons. L'inscription (ERATO PSALTRIAN) signifie les fonctions de cette Muse accoutumée à accompagner avec le jeu des instrumens à cordes, les danses les plus voluptueuses. C'est ce que les Grecs entendent par le mot *psallein;* et en effet, les danses nuptiales étaient du ressort d'*Erato.* Le manteau qui voltige sur ses épaules indique peut-être que la Muse réunit au son de sa lyre, des mouvemens réglés par l'art de la danse, et cadencés sur la musique.

Hauteur, 1 P. 3 p.° 4 lig. — Largeur, 11 p.° 2 lig.

PLANCHE VII.

Polymnie semble être ici la Muse de la pantomime ; son attitude, son doigt sur la bouche, indiquent le silence et la méditation. « Muettes rivales » de la voix, les mains de Polymnie retraçaient » des images sensibles ; silencieuse et prudente, » cette mère de la danse expliquait avec ses gestes » une figure ingénieuse ». Ce passage de *Nonnus* (*Dionys., v.* v. 140 *et suiv.*) et l'opinion de Cassiodore (*I. ép.* 20) prouvent la justesse de l'intention du peintre. L'inscription (Polymnie, la fable) en donne aussi l'explication. Cette fille de la mémoire, qui lui doit particulièrement son nom, selon l'étymologie prise de l'orthographe que nous suivons ici, conserve le souvenir des actions héroïques et de l'histoire des Dieux, et vient les exposer aux hommes, dans son silence éloquent et ingénieux; C'est à ce motif qu'elle a dû, chez les Romains, le surnom de *Musa tacita;* mais comme la gesticulation faisait partie de l'instruction des orateurs qui doivent accompagner, avec les gestes les plus convenables, le débit de leurs harangues, il est arrivé que, par une espèce de contradiction apparente, la *Muse silencieuse* est devenue aussi la Muse de l'éloquence et de l'art oratoire.

Une tunique verte et un manteau bleu forment le vêtement de cette Polymnie.

Hauteur, 1 P. 3 p.° 4 lig. — Larg. 11 p.° 2 lig.

T. II   Tav. 8.

PLANCHE VIII.

Uranie, qui tire son nom du ciel, préside à la connaissance des corps célestes, de leurs mouvemens et de leurs influences. Le globe qu'elle tient d'une main et la verge (*radius*) avec laquelle elle semble l'indiquer, sont des attributs qui se retrouvent dans tous les monumens où cette Muse est représentée. Ces symboles si connus ont sans doute paru suffisans au peintre pour le dispenser de donner une inscription à sa figure. Uranie est vêtue d'une tunique jaune, à manches courtes, et d'un manteau bleu; ses cheveux sont arrangés avec soin; elle porte des bracelets. Comme *Clio*, elle est assise sur un *hémicycle;* ce siége, favorable à l'application et à l'étude, ne paraît pas donné sans intention à ces deux Muses.

Sujet principal — Hauteur, 11 p.° 2 lig. — Largeur, *idem.*

T. II   Tav. I.

PLANCHE IX.

Calliope, la Muse de la poésie héroïque, quoique placée la dernière dans la suite d'Hésiode, paraît mériter la préséance par sa dignité et son excellence sur ses compagnes. Homère et Virgile revendiquent pour elle la première place ; c'est elle qu'ils ont invoquée quand ils appellent, le premier la *Déesse,* le second la *Muse,* qui doit leur dévoiler les anciens événemens. C'est *Calliope* qu'Horace fait descendre du ciel quand il va chanter les Dieux ; on la reconnaît ici à son attitude pleine de noblesse, au volume qu'elle tient de ses deux mains, à l'inspiration qui règne dans ses traits, au doigt levé qui semble accompagner son récit. L'inscription (Calliope, le poème) précise l'intention du peintre sans la rendre plus claire ; la Muse est couronnée du lierre et de ses fruits, couronne ordinaire des poètes. Ses draperies, de la plus grande élégance, répondent à la dignité de son caractère ; une longue tunique sans manches lui recouvre les pieds, une seconde descend au-dessous du genou, et son manteau qui retombe sur son bras vient se nouer avec grace vers le milieu du corps. Le rouleau ou volume se trouve quelquefois entre les mains de sa sœur

Clio ; mais les anciens artistes ont donné le plus souvent pour symbole distinctif, à Calliope, les tablettes cirées ou *pugillaria*, lorsque ses images ne sont accompagnées d'aucune inscription. M. Visconti a relevé fort ingénieusement le rapport plus particulier que les tablettes cirées ont avec les ouvrages en vers ; elles donnent la facilité d'effacer l'écrit, de corriger ou d'améliorer les expressions. Le rouleau de parchemin ou de *papyrus* est par conséquent plus propre à Clio, qui écrit l'histoire en prose, qu'à Calliope, dont le style épique demande le plus grand soin.

Hauteur, 1 P. 3 p.° 4 lig. — Largeur, 11 p.° 2 lig.

T. II Tav. 10

PLANCHE X.

La franchise et la pureté du dessin, l'accord harmonieux des couleurs et la grâce qui brille dans ces figures, charment les amateurs; mais la curiosité est ici moins satisfaite que le goût. Les rayons qui environnent la tête des deux premières figures, indiquent des Divinités; la troisième, qui porte pour couronne une branche d'olivier, serait une nymphe; elle dévoile ses charmes en étendant sa draperie; l'une des divinités la fixe avec attention, tandis que l'autre est distraite; une divinité champêtre, dont les formes se confondent avec le rocher, paraît préciser la scène par sa présence et s'y intéresser. Sont-ce les trois Gorgones dont Euryalé et Steno étaient immortelles à l'exclusion de Méduse avec Atlas changé en rocher? Est-ce l'aventure de Callisto et de Jupiter, qui prend la figure de Diane pour tromper cette nymphe, et qui se trouve ici sous les deux figures, suivant quelques exemples semblables, dans les monumens antiques? N'est-ce pas aussi la réunion du Soleil, de la Lune et de l'Aurore, enfans du vieux Hypérion. On remarque dans les trois figures une ressemblance qui ne rend pas l'explication plus facile.

Sujet principal. — Hauteur, 2 P. — Largeur, 2 P. 6 p.

Tome II. Peint.

T. II
Tav. II

pal uno —————————— Rom.

PLANCHE XI.

On regrette souvent, en admirant les beaux ouvrages de l'antiquité, de ne pouvoir en retrouver le sujet. La perte de la tradition nous rend plus nécessaire le secours des symboles et des accessoires; quand il sont obscurs et mal conservés, on risque de se perdre dans des explications plus ingénieuses que vraisemblables. On trouve, dans cette charmante peinture, quelques rapports avec une fable d'Apollonius de Rhodes (*Arg. III, v.* 7 *et suiv.*); mais on ne voit dans les personnages aucun des attributs qui conviennent aux Déesses qui font le sujet de la fable. Le poète raconte la visite que Junon et Pallas, protectrices de Jason, firent à Vénus, pour obtenir son secours en faveur du héros, dans sa périlleuse entreprise. Les Déesses trouvent la Reine des Amours sous un portique, occupée à tresser ses beaux cheveux qui tombent sur ses épaules ; Vénus, en faisant accueil aux Déesses, rassemble dans sa main ses cheveux encore en désordre, et demeure, pendant la conversation, dans l'attitude gracieuse que rappelle notre tableau ; cette attitude peut bien aussi n'exprimer que le repos et l'attention. Le vase est

Tome II. Peint.

trop grand pour être le vase aux parfums, qui accompagne assez ordinairement la figure de Vénus ; c'est plutôt l'urne d'une nymphe. La figure qui est debout, le coude appuyé sur la base d'une colonne, est noble et sévère ; elle parle, et ses traits sont pleins de vie. La troisième figure est remarquable par sa belle simplicité ; elle est enveloppée toute entière dans son manteau ; sa main levée et rapprochée du menton, d'accord avec l'expression de ses traits, indique une grande attention. Son siège a un marche-pied, et, plus élevé que celui du premier personnage, il rappelle une convenance d'usage dans l'antiquité. Quel que soit le sujet de cette rare peinture, on ne peut trop en admirer la belle ordonnance, le sentiment de convenance, qui y règne, l'unité d'intérêt, le bon goût des draperies et l'harmonie des teintes.

Hauteur, 1 P. 10 p.° — Largeur, 1 P. 3 p.° 8 lig.

pal due — Rom.

PLANCHE XII.

Cette peinture se classe au premier rang, parmi celles recueillies dans les fouilles, pour le mérite de la composition et de l'expression ; mais la médiocrité de l'exécution a fait penser que ce pouvait être la copie de quelque excellent original. Le sujet paraît être l'éducation de *Bacchus*; la scène peut indiquer le mont *Meros*, que ce Dieu a rendu célèbre dans l'Inde. On voit les trois nymphes qui ont pris soin de son enfance; la plus apparente presque nue, avec une peau de chèvre qui lui traverse l'épaule, et une couronne de feuillage, se fait remarquer par une attitude pittoresque et gracieuse ; elle présente un raisin au jeune Dieu, que le vieux Silène élève dans ses bras ; l'enfant tend ses deux mains avec vivacité pour le saisir, et rappelle heureusement l'invention du vin, qui lui est attribuée de cette manière. Aux pieds de Silène, est son âne étendu et endormi, couronné de feuillage et portant un bât ou une espèce de selle assez semblable aux nôtres; plus loin est une panthère qui lèche un *tympanum* garni de grelots ; sur le côté, on voit Mercure presque nu, assis sur un tonneau ou fût de colonne, touchant sa lyre de la main gauche, et tenant de la droite un archet et un autre objet difficile à reconnaître; il est coiffé du pétase aîlé; un Satyre est prêt à détacher sa chaussure aîlée *(talaria)*, mais il est distrait par l'action du jeune Dieu. Mercure, inventeur de la lyre *(testudo)* et du langage, se trouve heureusement réuni avec les nourrices et l'instituteur de Bacchus. Il fait encore, avec convenance, partie de la scène, comme ayant apporté l'enfant aux trois nymphes, afin qu'elles prissent soin de son éducation.

Hauteur, 3 P. 2 p.° 8 lig. — Largeur, 2 P. 5 p.° 3 lig.

T. II Tav. 13

pal. uno ⸺⸺⸺⸺ Rom.

PLANCHE XIII.

Ce sujet, expliqué par d'autres monumens antiques, est la lutte de Pan et de Cupidon. Le vieux Silène, maître et juge du combat, tient la palme destinée au vainqueur. En considérant ces deux figures comme les Génies de l'Amour et de la Nature, on trouve le sens de cette fiction ingénieuse. Sans doute l'Amour sera vainqueur et ne fera point mentir son ancienne devise, *omnia vincit Amor*; déjà le maître nous révèle la faiblesse de l'adversaire, en paraissant prêt à le soutenir; l'Amour est sans armes et n'a besoin que de sa propre force. Bacchus, dont le dieu Pan fut l'ami et le compagnon, témoin du combat, sourit aux efforts des deux champions. Couronné de pampres et de raisins, chaussé de cothurnes jaunes, il tient sa longue pique ornée d'une touffe de feuillage avec un ruban rouge, et armé d'un fer. Dans la suite, il changea ce fer en une pomme de pin, ou l'enveloppa dans des feuilles de lierre et de pampre, pour rendre moins dangereuses les fureurs de ses suivans. L'arme prit alors le nom de *thyrse*. Le Dieu, dans l'attitude du repos, a laissé glisser son manteau couleur de pourpre, et se montre à demi-nu. Derrière lui est une jeune femme vêtue de blanc et coiffée à la

Tome II. Peint.

grecque avec un diadême d'or ; ce costume qui appartient à une princesse, semble désigner Ariadne ; elle ornait d'un ruban le sceptre du jeune Dieu, et s'est arrêtée pour donner son attention à la scène.

Cette peinture intéressante fut trouvée à Résine en 1747.

Hauteur, 2 P. — Largeur, 1 P. 9 p.°

T. II   Tav. 14

pal uno ——————————— Rom

PLANCHE XIV.

Ariadne abandonnée dans l'île de Naxos, célébrée par les beaux vers d'Ovide et de Catulle, revit encore dans les belles peintures de la Campanie; cette touchante aventure est le sujet du tableau que nous avons sous les yeux, et fait celui des deux suivans, avec des circonstances différentes. La composition de ce premier est d'une belle simplicité. La malheureuse amante vient de se réveiller; elle écarte le voile qui la couvrait pendant son fatal sommeil; elle voit s'éloigner à pleines voiles le vaisseau qui emporte l'ingrat Thésée. La figure dont le mouvement annonce le commandement, paraît être celle du héros fugitif. On ne voit que l'arrière du vaisseau; il est garni de deux timons assez souvent en usage chez les anciens; on y retrouve ce plancher, dit *catastroma*, saillant en dehors, et qui était destiné à faciliter le combat et la descente des gens de guerre. Le sommet de la poupe, dit *aplustre*, est orné d'un fleuron en forme de queue d'oiseau; cet ornement est relatif à la forme totale du navire, dont la proue figurait ordinairement une tête d'oie, et tout le corps, celui de ce même oiseau qui paraît en avoir fourni le modèle. En revenant à la belle abandonnée, nous remarquerons le collier, les bracelets et le cercle d'or (*periscelis*) qu'elle porte au bas de la jambe, parure de distinction; le matelas, les coussins amoncelés dont les ornemens indiquent la richesse; et la draperie blanche qui lui sert de couverture. L'expression de la figure est d'une grande beauté, et se trouve fidèlement retracée dans Catulle (*De Nup. Pel. et Theb.*)

> Du bord où vient mourir l'onde retentissante,
> Tu vois fuir ton Thésée, ô malheureuse amante !
> Que d'un trouble mortel tu sens ton cœur atteint!
> Sur ton front pâlissant le désespoir est peint;
> Ton œil n'est point trompé d'un trop pénible songe,
> L'aurore ne vient point dissiper le mensonge.
> C'est toi, te voilà seule, et de ces bords affreux
> L'onde emporte l'ingrat échappé de tes nœuds.
> Triste enfant de Minos ! sans couleur haletante,
> Dans le marbre glacé telle est une bacchante.
> Tes blonds cheveux épars sont le jouet des vents;
> Ton jeune sein franchit ses liens impuissans;
> Ce voile à son insu te laisse à demi-nue,
> Et tes pleurs sans couler sont tremblans dans ta vue.

Ph. Ch.

Hauteur, 1 P. 3 p.° — Largeur, 1 P. 2 p.° 6 lig.

T. II
Tav 15

pal. uno ———————— Rom.

PLANCHE XV.

Ariadne à son réveil, comme dans le tableau précédent, voit fuir Thésée qui l'abandonne, à demi-nue, dans une attitude semblable, parée de bracelets, d'un riche collier et de pendans. Elle est accompagnée de deux figures ; l'une est l'Amour pleurant, tenant son arc et ses traits renversés ; l'autre une Divinité ailée, qui prend une part très-vive à la scène, en indiquant d'un air menaçant le vaisseau qui s'éloigne. Les voiles en sont d'une teinte obscure, et rappellent l'oubli funeste qui causa la perte d'Égée, père du héros. Cette Divinité ailée pourrait être *Némésis*, déesse implacable et vengeresse des torts des amans. C'est à ce titre et avec ces attributs qu'elle avait des statues à Smyrne, au rapport de Pausanias (*lib. I,* 33). La vivacité de son mouvement s'accorde avec cette explication, et peut faire allusion à la fatalité attachée à ces voiles obscures. Le timon qu'on voit sur le rivage est un témoin de la précipitation du héros.

Sujet principal. — Hauteur, 1 P. 6 p.° — Largeur, *idem.*

Tome II. Peint.

T. II   Tav. 16

pal. uno ——————— Rom.

PLANCHE XVI.

Ariadne, tranquille encore, goûte les douceurs du sommeil; elle est couchée sur un matelas à l'ombre d'une tente, la tête appuyée sur un oreiller blanc, les cheveux retenus par une bandelette et les bras parés de bracelets. Rarement une peinture antique, un monument ne se retrouve pas dans quelques passages des anciens : « Vois, dit *Philostrate*, vois Ariadne, ou plutôt le sommeil lui-même, à moitié nue; vois son sein, son cou renversé, sa gorge délicate; son aisselle droite est découverte, sa main gauche s'appuie sur la draperie, afin que le vent ne puisse pas dévoiler ce qui doit rester caché ». Faible obstacle pour le satyre audacieux qui expose cette beauté aux regards du jeune Dieu de Naxos. « Tu ne seras pas long-temps abandonnée; tu te trouveras seule à ton réveil, cette joyeuse troupe sera partie; tu dois verser des pleurs, ainsi le veut l'Amour : mais le jeune Dieu reviendra et tu seras consolée ». Bacchus en effet se retira, suivant le récit de Nonnus (*Dionys.*, *xlvij*, v. 271 *et suiv.*), et ne revint que lorsque la belle eut bien pleuré la trahison du héros. Le Dieu s'appuie sur son père nourricier, le vieux Silène, tel que le peint Lucien (*in Baccho*) : « ramassé dans sa petite taille, gras et pansu, les narines ouvertes, etc. ». De l'autre côté, un objet plus gracieux, Cupidon, l'entraîne vers Ariadne, vive image de la force de l'amour, que nous retrouverons répétée dans une autre peinture. Dans un coin du tableau, au-dessus des rochers, paraît un petit Satyre, qui considère aussi la belle dormeuse. Dans le lointain, on distingue une Bacchante portant une corbeille ou plutôt le van mistique, et plusieurs personnages formant le cortège. Le mérite de la composition, très-supérieur à celui de l'exécution, peut faire penser que ce tableau est la copie d'un excellent original.

Hauteur, 1 P. 10 p.° 4 lig. — Largeur, 1 P. 7 p.° 3 lig.

T. II Tav. 17

pal. uno ——————————— Rom.

PLANCHE XVII.

CETTE peinture est l'une de celles de la collection où brillent le plus la finesse de l'art, la grâce du dessin et la beauté du coloris; c'est l'ouvrage d'une excellente main : mais il est à regretter que le sujet en demeure obscur et incertain. Ce personnage debout, appuyé sur un pilastre ou sur un autel, est une Divinité assez clairement caractérisée par l'auréole qui rayonne autour de sa tête ; la délicatesse de ses traits et de ses formes le fait reconnaître pour le fils de Latone. « Toujours jeune et gracieux, » jamais le plus léger duvet n'ombragea la lèvre » d'Apollon, pas même celui qui naît sur la lèvre » d'une jeune fille „. (*Call. H. in Ap. v.* 36). Son

www.ingramcontent.com/pod-product-compliance
Lightning Source LLC
Chambersburg PA
CBHW070710050426
42451CB00008B/579